Liebe Leserin, lieber Leser!

Wenn der Frühling erwacht und das Osterfest vor der Tür steht, treffen sich Tontopf-Hase & Co. nicht nur auf dem Ostertisch. Da sitzt dann ein Schaf gemütlich auf der Regalkante, eine Henne ist mit dem Eierlegen beschäftigt, und kleine Vögelchen begrüßen den Frühling mit ihrem Gesang. Österliche Überraschungen halten die Nesthocker und das Hasenkind „Lilly" bereit. Der Hase mit der Kiepe trägt die begehrten Ostereier aus und lustige Küken sorgen für farbenfrohen Kerzenschmuck auf dem Ostertisch. Bestimmt finden Sie unter all diesen Vorschlägen Ihr ganz persönliches Lieblingsmodell.

Eine schöne Osterzeit wünscht Ihnen

Petra Bauberger

Inhaltsverzeichnis

Decormatt
mat
mate
Marabu
Bastelfarbe
Decormatt
mat
mate
Marabu
Bastelfarbe

Alles über Tontöpfe

- **Ton- oder Terrakottatöpfe** (ital. Terracotta = gebrannter Ton) gibt es in den verschiedensten Größen und Formen. Diese verschiedenen Arten von Tontöpfen erhalten Sie in Bastelgeschäften, in gut sortierten Baumärkten oder in Blumengeschäften. Hier finden Sie auch Keramiktöpfe, also gebrannte und glasierte Tontöpfe.
Tontöpfe sind als herkömmliche Blumentöpfe erhältlich, aber auch als schlanke, hohe Rosentöpfe, Halbtöpfe, bauchige Glockentöpfe, flache Untersetzer, spitz zulaufende oder kugelförmige Töpfe.
Mit den Blumen-, Rosen- und Glockentöpfen werden gerne die Körper der Tontopf-Figuren gebastelt. Halbtöpfe lassen sich zum Beispiel für Gesichter oder Arme verwenden. Untersetzer eignen sich für die Gestaltung von Kragen, Gesichtern, Pflanz- oder Trinkschalen. Die spitz zulaufenden Töpfe sehen als Schnäbel oder Hüte lustig aus. Kugelförmige Töpfe sind für Köpfe zu empfehlen.
Besonders beliebt sind Mini-Tontöpfchen. Diese sind sehr vielfältig einsetzbar und können für Körper, Arme, Beine, Ohren oder Nasen verwendet werden.
Für das Basteln von Tontopf-Figuren benötigen Sie neben den Tontöpfen folgende Materialien und Werkzeuge:
- Zum Verkleben der Tontöpfe miteinander und mit anderen Materialien sind **Kraft-** oder **Alleskleber**, **Silikonkleber**, **Montage-Acrylkleber**, **Holzleim** und **Heißkleber** geeignet. Überquellender Klebstoff lässt sich gut mit einem Wattestäbchen entfernen.
- Zu den notwendigen Hilfsmitteln gehören **Schere**, einfaches oder doppelseitiges **Klebeband**, **Nadeln** und **Holzstäbchen**.
Als Köpfe, Nasen oder Hände eignen sich am besten Holz- und Styroporkugeln in verschiedenen Größen.
- Zum Verbinden der Arme und Beine mit dem Körper bietet sich **Bast** oder **Paketschnur** an. Mit Bast, den man in verschiedenen Farben kaufen kann, lassen sich auch Haare gut gestalten.
- Für Haare eignen sich außerdem **Hanf**, **Langhaar-Plüsch** oder **Engelshaar**.
- Mit Stoffresten, Draht, Filz, Perlen, Bändern, Knöpfen, Federn, Pappkarton, Moosgummi, Rupfen, Pfeifenputzern und künstlichen oder echten Blumen kann man die Figuren wunderbar verschönern.
- **Schleifen, Bänder** oder Ähnliches eignen sich zum Verdecken von unschönen Verbindungsstellen der Tontöpfe oder von Übergängen.
- Zum Bemalen der Tontöpfe bieten sich **Bastelfarben**, **Acrylfarben**, spezielle **Terrakottastifte** oder **Dekomarker** an. Beim Bemalen ist darauf zu achten, dass die Farbe mindestens zweimal aufgetragen werden muss, damit sie deckt.

Tipp: *Um den Tontöpfen nach dem Bemalen eine glänzende Oberfläche zu verleihen und um sie zusätzlich noch witterungsbeständiger zu machen, empfiehlt sich ein Überzug mit* **Marabu-Tontopflack**. *Tontopf-Figuren, die bepflanzt werden sollen, werden durch die Lackierung von innen resistenter gegen Feuchtigkeit.*

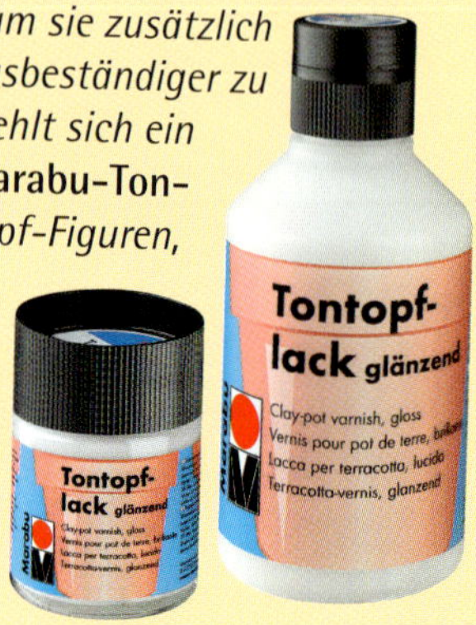

Große Tontopf-Übersicht

Arten	Bezeichnungen	Größen	Eignung
	Blumentopf	8 – 23 cm Ø	geeignet für Körper, Kopf, Hut, Klangspiel
	Rosentopf	7 – 22 cm Ø	geeignet für Körper
	runder Wandtopf	3 – 11 cm Ø	geeignet für Gesicht, Arme, Körper
	Glockentopf	9 – 17 cm Ø	geeignet für Körper, Klangspiel
	Untersetzer	6 – 21 cm Ø	geeignet für Kragen, Gesicht, Pflanz- und Trinkschalen
	spitzer Wandtopf	12 – 17 cm Ø	geeignet für Schnabel, Hut
	kugelförmiger Topf	5,5 cm Ø	geeignet für Köpfe
	Minitopf	1,5 – 6 cm Ø	geeignet für Körper, Arme, Beine, Ohren, Nasen

Standfigur mit Tontopf-Armen

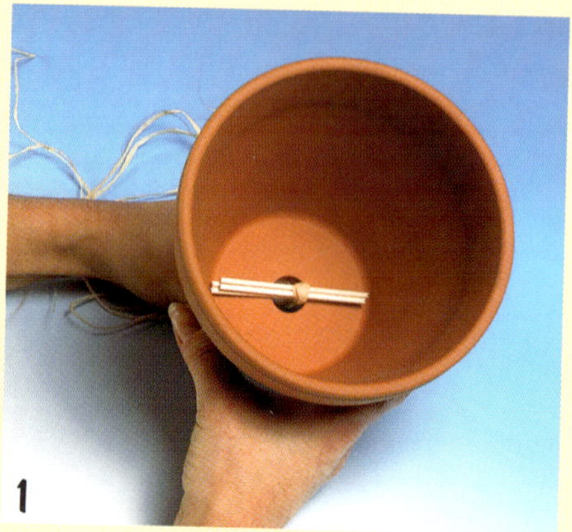

1

1. Für die Innenbefestigung der Arme von Tontopf-Figuren einige Holzstäbchen (z. B. Schaschlikspieße) entsprechend dem Durchmesser des Tontopf-Bodens zuschneiden. Mehrere 50-60 cm lange Bastfäden zusammenfassen und die zu einem Bündel zusammengelegten Holzstäbchen damit zusammenbinden. Dann das Hölzchenbündel von außen durch das Bodenloch des Tontopfes schieben und innen quer stellen. Die Hölzchen ggf. mit etwas Klebstoff fixieren.

2

2. Nun die Mini-Töpfchen für die Arme auf die beiden Baststränge fädeln. Dazu die Töpfchen mit dem Boden in Körperrichtung auffädeln und jeweils mit einem großen Knoten sichern. Als zusätzliche Sicherung können auch Holzperlen in die Baststränge mit eingeknotet werden.

3

3. Eine große Holzperle als Hand anbringen. Dabei darauf achten, dass die Holzperle mindestens zur Hälfte aus dem untersten Töpfchen hervorschaut. Unterhalb der Kugel einen Abschlussknoten schlingen und überstehende Bastfadenreste abschneiden. Den zweiten Arm ebenso anfertigen, dabei darauf achten, dass die Töpfchen in gleicher Höhe wie beim ersten Arm angebracht sind. Danach die Figur mit einem weiteren Tontopf, einer Styropor- oder Holzkugel als Kopf versehen und nach Wunsch weiter ausgestalten.

Drehfigur mit Armen & Beinen

Material:

- *1 Tontopf, Ø 7 cm*
- *1 Holzkugel, Ø 40 mm*
- *Schaschlikspieß*
- *Geschenkband in Orange, 5 mm breit*
- *4 Holzperlen in Gelb, Ø 15 mm*
- *1 spitze Sticknadel, Perlonfaden*
- *1 Strohhut, Ø innen 40 mm*
- *Schere, Kraftkleber*

1. Kürzen Sie den Schaschlikspieß so, dass seine Länge dem inneren Durchmesser des Topfbodens entspricht. Knoten Sie zwei etwa 30 cm lange Bänder für Arme und Beine und einen Perlonfaden daran fest. Drücken Sie dann das Hölzchen zusammen mit den Bändern für die Beine durch die Topföffnung und stellen Sie es am Topfboden quer.

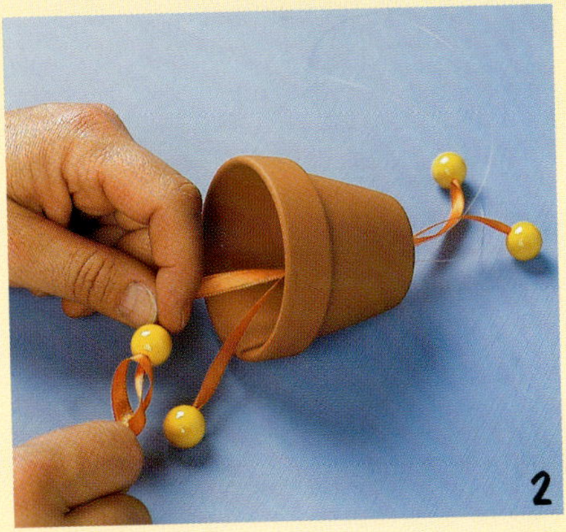

2. Fädeln Sie die Holzperlen für Hände und Füße auf die Bänder und setzen Sie je einen Knoten darunter. Versenken Sie die Knoten mit der Scherenspitze in den Perlenlöchern.

3. Ziehen Sie den Perlonfaden durch die Holzkugel für den Kopf und kleben Sie diesen auf dem Topfboden fest. Ziehen Sie dann mit einer Nadel die Enden des Perlonfadens auch durch den Strohhut und kleben Sie ihn auf den Kopf. Verknoten Sie zum Schluss die Fäden.

Kleine Nesthocker

1. Tupfen Sie als Grundierung weiße Farbe mit dem Schwamm auf die Tontöpfe und bemalen Sie sie nach dem Trocknen gelb. Stecken Sie dann die Holzkugeln auf Pinselstiele, malen Sie sie gelb an und kleben Sie sie auf die Töpfe. Die Tontopfuntersetzer behalten bei diesem Modell ihre natürliche Farbe.

2. Übertragen Sie die Vorlagen für Schnabel und Flügel auf Tonkarton und schneiden Sie sie aus. Aus orangefarbenem Filz fertigen Sie zwei Schnäbel und kleben sie auf die Köpfe. Die vier Flügel schneiden Sie aus gelbem Filz zu und kleben sie seitlich auf die Töpfe.

3. Mit der Zahnstocherspitze setzen Sie für die Augen je zwei Punkte Klebstoff auf die Köpfe und drücken die Halbperlen mit der Pinzette darauf. Dann kleben Sie die gekürzten Federn für die Frisuren in die Kugellöcher.

4. Schneiden Sie zwei ca. 8 cm lange Stücke Geschenkband ab und legen Sie die Enden aufeinander. Binden Sie die dabei entstandenen Fliegen in der Mitte mit dem Draht straff ab und kleben Sie sie auf.

5. Nun wird dekoriert. Geben Sie Islandmoos in die Untersetzer und verstecken Sie eine Überraschung im Bauch der Küken.

Tipp: *Damit Ihre Lieben das versteckte Geschenk auch finden, können Sie nach Wunsch einen kleinen Hinweis geben. Zum Beispiel mit einem hübsch ausgeschnittenen kleinen Schild, das Sie ins Ostergras stecken. Darauf könnte z. B. stehen „Bitte drunter schauen" oder „Heb mich hoch". Kleinen Kindern hilft auch ein dicker Pfeil, das Geschenk zu finden.*

Material

- *2 Tontöpfe, Ø 4,7 cm*
- *2 Tontopfuntersetzer, Ø 7 cm*
- *2 Holzkugeln, Ø 3,5 cm*
- *Marabu-Decormatt Bastelfarbe in Weiß und Mittelgelb*
- *Feinporiger Schwamm (Küchenschwamm)*
- *Bastelfilz in Orange und Gelb*
- *Halbperlen in Schwarz, Ø 3 mm*
- *Marabufedern in Gelb*
- *Geschenkband, 2,5 cm breit*
- *Dünner Basteldraht*
- *Islandmoos*
- *Kleine, spitze Schere*
- *Kraftkleber*
- *Pinzette*
- *Pinsel*

Vorlage 1

Legehenne Dora

1. Bemalen Sie die Flächen des Gärtnertopfes und den Rand des Tontopfes mit Rot, den Rand des Untersetzers und die Fläche des Tontopfes mit Orange. Lassen Sie alles gut trocknen. Tauchen Sie dann die Spitze des Wattestäbchens kräftig in die rote Farbe und „stempeln" die roten Punkte – wie auf dem Foto – verteilt auf den äußeren Rand des Untersetzers.

2. Übertragen Sie die Vorlagen für den Schnabel und den Kinnbart auf Tonkarton, die Vorlage für die Bäckchen auf Tonpapier und schneiden Sie alle Motivteile sauber aus. Falzen und knicken Sie die gestrichelten Linien des Schnabels und kleben Sie ihn so auf den Topf, dass er in der Mitte ein wenig erhaben bleibt.

3. Fahren Sie die Konturen des Kinnbartes mit einem weichen Bleistift auf dem Filz nach, schneiden Sie das Motiv aus und kleben Sie es unter den Schnabel. Zeichnen Sie mit Hilfe des Kreises die Bäckchen mit rotem Farbstift vor und malen Sie sie dann kräftig mit Rot aus. Kleben Sie ganz zum Schluss die Wackelaugen auf.

4. Falten Sie für den Kamm ein ca. 16 cm langes Juteband wie einen Fächer und binden Sie es mit dem Draht im unteren Drittel straff ab. Verdrehen Sie die Drahtenden fest ineinander und versenken Sie die Drahtbindung im Topfloch. Dann den Fächer vorsichtig zurechtzupfen. Kürzen Sie anschließend die Feder und kleben Sie sie mittig in den Kamm.

5. Legen Sie die Seidenkordel dekorativ um den Hals der Legehenne, machen Sie einen Knoten in die Mitte und umwickeln Sie die Enden mit Draht. Verstecken Sie die umwickelten Enden in den Perlenlöchern. Wenn Sie möchten, können Sie den „Bauch" der Henne jetzt noch schön füllen – zum Beispiel mit selbst gefärbten Ostereiern, einem kleinen Geschenk oder Osterstroh.

Tipp: *Zu den warmen Rot- und Orangetönen unserer Legehenne passen erdige Farben wie Braun und Beige besonders gut.*

Material

- *1 Gärtnertopf, Ø 13 cm*
- *1 Tontopfuntersetzer, Ø 13 cm*
- *1 Tontopf, Ø 9 cm*
- *Marabu-Decormatt Bastelfarbe in Orange, Scharlachrot, Schwarz*
- *Filz in Rot*
- *Tonkarton in Gelb, Tonpapier*
- *Farbstift in Rot*
- *Juteband in Rot, 8 cm breit*
- *2 ovale Wackelaugen, 10 mm lang*
- *Dünner Basteldraht*
- *Marabufeder in Rot*
- *Seidenkordel in Rot*
- *2 Holzperlen in Gelb*
- *Pinsel, Schere, Kraftkleber*
- *Wattestäbchen*

Vorlage 2

Hasenkind „Lilly“

1. Bemalen Sie die Flächen der Tontöpfe mit Rosa und die Ränder mit Pink. Mischen Sie aus den Farben Haut und Braun ein helles Braun, stecken Sie die drei großen Holzkugeln auf Pinselstiele und bemalen Sie sie damit. Lassen Sie alles gut trocknen. Zeichnen Sie das Hasengesicht zuerst ganz fein mit dem Bleistift vor. Dann Augen, Nase und Mundpartie schwarz, die Bäckchen rosa ausmalen. In die Augen mit der Zahnstocherspitze weiße Lichtpunkte setzen. Die Besenhaare als Schnurrbart aufkleben.

2. Knoten Sie ein ca. 40 cm langes Stück Geschenkband an das Hölzchen, das Sie auf die Länge des Durchmessers des Topfbodens gekürzt haben, und stellen Sie es im Innern des Topfes quer. Führen Sie die Bandenden durch das Bodenloch nach außen. Fädeln Sie nacheinander Töpfchen und zuerst große und dann kleine Holzkugeln für die Arme auf und verknoten Sie die Bandenden gut.

3. Stellen Sie für Kragen, Ohren und Ohrmuscheln je eine Schablone her und schneiden Sie die Motive aus Moosgummi nach. Verwenden Sie dabei für den Kreis eine Konturenschere – das sieht besonders hübsch aus. Kleben Sie anschließend den Kreis auf den Topfboden und setzen Sie danach auch den Kopf auf. Fixieren Sie dann die Ohrmuscheln auf den Ohren und kleben Sie sie oben seitlich auf den Hasenkopf.

4. Schneiden Sie mit der Konturenschere aus Tonkarton und Tonpapier zwei unterschiedlich große Rechtecke aus und kleben Sie sie exakt aufeinander. Beschriften Sie das Schild sorgfältig mit dem Filzstift, stanzen Sie mit der Lochzange zwei kleine Löcher seitlich in den oberen Rand und ziehen Sie das Band hindurch. Legen Sie zum Schluss das Schild um den Hals des Hasen.

Tipp: *Füllen Sie den Untersetzer dekorativ mit etwas Ostergras und stellen Sie die süße Lilly hinein. Unter diesem Blickfang können Sie übrigens ganz wunderbar eine kleine Überraschung für Ihre Lieben verstecken!*

Material

- *1 Tontopfuntersetzer, Ø 15 cm*
- *1 Rosentopf, Ø 8 cm*
- *2 Tontöpfe, Ø 3,5 cm*
- *1 Holzkugel mit einem Bohrloch, Ø 55 mm*
- *2 Holzkugeln mit durchgehender Bohrung, Ø 30 mm*
- *2 Holzperlen in Natur, Ø 8 mm*
- *Marabu-Decormatt Bastelfarbe in Purpurrosa, Pink, Hautfarbe, Braun, Schwarz, Weiß*
- *Geschenkband in Hellgrün, 3 mm breit*
- *Besenhaare (Kokosbesen)*
- *Moosgummi in Rosa und Hautfarbe, 1 mm stark, in Hellbraun, 3 mm stark*
- *Tonkarton in Pink, Tonpapier in Hellgrün*
- *Bleistift, Filzstift in Schwarz, Lochzange*
- *Zahnstocher, Schaschlikspieß*
- *Pinsel, Schere, Bogen-Konturenschere*
- *Kraftkleber, Klebestift*

Vorlage 3

Lilly

Tolle Eiermännchen

1. Bemalen Sie je einen kleinen und einen mittelgroßen Topf mit Gelb, mit Orange und mit Pink. Lassen Sie alles gut trocknen. Stecken Sie die Wattekugeln auf Zahnstocher, betupfen Sie sie mit Pink und lassen Sie sie ebenfalls gut trocknen.

2. Schneiden Sie für die Arme pro Männchen zwei Bänder auf 12 cm zu. Fädeln Sie auf jedes Band eine Perle, sichern Sie diese mit einem Doppelknoten und versenken Sie den Knoten in der Perle. Kleben Sie je zwei Bänder an den gegenüberliegenden Innenwänden des Topfes fest, so dass das Bandende mit der Perle als Arm nach außen fällt.

3. Schneiden Sie für die Hütchen für jeden Eierbecher zwei Bänder auf 10 cm zu. Verknoten Sie die Bänder an einem Ende miteinander und sichern Sie den Knoten mit einer Perle. Ziehen Sie die Enden durch das Topfloch nach außen. Fädeln Sie auf jedes Bandende eine weitere Perle und sichern Sie sie mit einem Doppelknoten.

4. Versenken Sie zum Schluss den Knoten mit Hilfe der Scherenspitze in der Perle. Dann fixieren Sie die Feder mit einem winzigen Klecks Klebstoff im Topfloch.

5. Formen Sie die Klebepads zu kleinen Kugeln und fixieren Sie damit Hütchen und Nasen auf den Eiern – so können Sie die Dekoration vor dem Essen schnell abnehmen. Malen Sie Augen und Mund mit Schwarz auf.

Material

- *3 Tontöpfe, Ø 3,5 cm und 3 Tontöpfe, Ø 4,7 cm*
- *3 Wattekugeln, Ø 12 mm*
- *3 gekochte Eier*
- *Marabu-Decormatt Bastelfarbe in Mittelgelb, Orange, Pink, Schwarz*

- Geschenkband in Hellgrün, 3 mm breit
- Marabufeder in Pink
- Holzperlen in Gelb und Hellblau, Ø 13 mm (Hände)
- Bunte Holzperlen in verschiedenen Formen, Ø ca. 12–14 mm
- Pinsel
- Schere
- Kraftkleber, Klebekissen

Kleine Piepmätze

1. Stecken Sie für die Köpfchen die Holzkugeln auf Pinselstiele, bemalen Sie sie mit Gelb und Orange und lassen Sie alles gut trocknen. Spitzen Sie für die Schnäbel den Rundholzstab an und sägen ein ca. 15 mm langes Stück ab. Wiederholen Sie den Vorgang noch zweimal. Fixieren Sie die drei Schnäbel mit Kraftkleber auf den Köpfen und malen Sie die Gesichter. Münder sind bei diesem natürlichen Modell nicht nötig, die Vögel wirken trotzdem ausdrucksstark. Setzen Sie die Augen mit der in schwarze Farbe getauchten Zahnstocherspitze auf.

2. Übertragen Sie die Vorlage für die Flügel auf Tonkarton und schneiden Sie die Schablone aus. Fahren Sie die Kontur des Flügels mit weichem Bleistift sechsmal auf dem Filz nach. Schneiden Sie die Flügel aus und kleben Sie sie seitlich auf die Töpfe, die bei diesem Modell nicht bemalt werden.

3. Fädeln Sie die drei Holzperlen auf je einen Strang Stickgarn und verknoten Sie dieses fest über der Perle. Ziehen Sie die beiden Garnenden mit der Sticknadel jeweils von innen durch den Kopf. Knoten Sie das Garn zu einer Aufhängeschlaufe. Kürzen Sie die Feder und fixieren Sie sie mit einem kleinen Klecks Klebstoff im Kugelloch.

4. Übertragen Sie die Vorlage für die Kreise auf die glatte Rückseite der Wellpappe und schneiden Sie drei Kreise aus. Kleben Sie zuerst die Töpfe und dann die Holzkugel-Köpfe darauf. Fixieren Sie zum Schluss kleine Stücke Islandmoos so mit Heißkleber auf dem Außenrand der Kreise, dass ein gemütliches Nest für die zauberhaften Vögel entsteht.

Material

- *3 Tontöpfe, Ø 3,5 cm*
- *3 Holzkugeln, Ø 25 mm, mit durchgehender Bohrung*
- *Rundholz, Ø 4 mm*
- *Marabu-Decormatt Bastelfarbe in Gelb, Orange und Schwarz*

- 3 Holzperlen, Ø ca. 12 mm
- Sticknadel, Stickgarn in Orange
- Bastelfilz in Gelb und Hellbraun
- Marabufedern in Gelb
- 3-D Wellpappe in Natur
- Islandmoos in Hellgrün
- Bleistiftanspitzer, Pinsel
- Kleine, spitze Schere
- Kraftkleber, Klebepistole

Vorlage 4

Auf zum Osterspaziergang!

1. Umwickeln Sie den Tontopf mit Ausnahme des breiten Randes spiralförmig mit Wolle. Tragen Sie dazu eine dünne Schicht Klebstoff auf und legen Sie die Wollfäden vorsichtig dicht nebeneinander, so dass eine durchgehende, gleichmäßige Oberfläche entsteht. Legen Sie zum Schluss einen doppelten Wollfaden unter den nicht beklebten Tontopfrand und binden Sie ihn zu einer dekorativen Schleife.

2. Stecken Sie die Holzkugel auf einen Pinselstiel und bemalen Sie sie mit einer Mischung aus den Farben Mittelbraun und Gelbocker schön hellbraun. Lassen Sie den Holzkugel-Kopf gut trocknen und gestalten dann das Gesicht. Malen Sie Augen, Nase und Mund mit Schwarz, die Bäckchen mit Rosa auf. Setzen Sie mit der Zahnstocherspitze, die Sie in weiße Farbe getaucht haben, zwei Lichtpunkte in die Augen.

3. Befestigen Sie die Bänder für Arme und Beine jeweils am Schaschlikspieß, den Sie exakt auf die Länge des Bodendurchmessers des Tontopfes gekürzt haben.

4. Knoten Sie einen doppelten Perlonfaden für die Aufhängung - wie im Grundkurs beschrieben - ebenfalls an dem Hölzchen fest, drücken Sie dieses durch das Bodenloch und stellen Sie es quer. Ziehen Sie den Perlonfaden und die Bänder für die Arme durch das Bodenloch. Knoten Sie Perlen als Abschluss an Arme und Beine und kleben Sie die Beinbänder an den Innenwänden des Topfes fest.

5. Übertragen Sie die Vorlage für die Ohren auf Tonkarton, schneiden Sie die Schablone aus und legen Sie sie auf den Moosgummi. Fahren Sie die Konturen mit einem weichen Bleistift vorsichtig nach und schneiden Sie die Ohren aus. Fixieren Sie die Hasenohren mit Heißkleber an der hinteren Seite des Hutes.

6. Fixieren Sie die Holzkugel zum Schluss so auf dem Topf-Körper, dass der Perlonfaden für die Aufhängung frei bleibt, und kleben Sie anschließend den Hut auf die fertige Figur.

Material

- *1 Tontopf, Ø 7 cm*
- *1 Holzkugel, Ø 40 mm*
- *Marabu-Decormatt Bastelfarbe in Mittelbraun, Gelbocker, Schwarz, Weiß, Purpurrosa*
- *Geschenkband in Orange, 5 mm breit*
- *Perlongarn*
- *4 gelbe Holzperlen, Ø 15 mm*
- *1 Strohhut, Ø innen ca. 40 mm*
- *Moosgummi in Hellbraun, 2 mm stark*
- *Bunte Wolle*
- *Pinsel*
- *Schaschlikspieß*
- *Schere*
- *Kraftkleber, Heißklebstoff*

Vorlage 5

Bunte Hasenparade

1. Bemalen Sie je einen mittelgroßen und kleinen Topf rot, hellgrün und blau. Stecken Sie die Eier auf Pinselstiele und bemalen Sie sie mit einer Mischung aus den Farben Braun und Haut hellbraun. Kleben Sie die Halbperlen als Augen auf.

2. Stellen Sie die Arme her, wie es im Grundkurs erklärt wird. Fixieren Sie die Köpfe auf den Topfböden. Kleben Sie Küchenkrepp in die Hütchen und setzen Sie sie auf die Köpfe. Setzen Sie dann die Holzperlen auf die Hütchen.

3. Übertragen Sie die Vorlage für die Ohren auf Tonkarton und schneiden Sie sie dreimal aus Moosgummi zu. Kleben Sie die Ohren auf die Köpfe. Stanzen Sie mit der Lochzange Punkte für die Nasen aus und kleben Sie sie ebenfalls auf. Befestigen Sie die Pompon-Schwänzchen auf der Rückseite der Töpfe.

Tipp: *Die niedliche Hasengruppe ist wie geschaffen für eine österliche Fensterdekoration. Legen Sie etwas Ostergras oder Stroh auf das Fensterbrett und gruppieren Sie die Häschen darauf. Mit Kunstblümchen, Schmetterlingen oder Käfern gestalten Sie die Szene individuell aus.*

Material

- *3 Tontöpfe, Ø 5,5 cm*
- *3 Tontöpfe, Ø 3,5 cm*
- *3 Holzeier, 50 mm lang*
- *Bunte Holzperlen, Ø 12 mm*
- *Geschenkband in Gelb und Rot, 3 mm breit*

- Marabu-Decormatt Bastelfarbe in Scharlachrot, Hellgrün, Azurblau, Hautfarbe und Braun
- Geschenkband in Gelb und Rot, 3 mm breit
- Moosgummi in Hellbraun, 3 mm stark, und in Schwarz, 2 mm stark
- 6 Halbperlen in Schwarz, Ø 3 mm
- Mini-Pompons in Weiß
- Pinsel, Pinzette, Lochzange
- Kraftkleber
- Schere

Vorlage 6

Osterschäfchen Charly

1. Umwickeln Sie den Tontopf und die Töpfchen mit der Wolle. Tragen Sie dazu den Klebstoff zunächst am unteren Topfrand auf und legen Sie die Wolle darüber. Tragen Sie nach und nach weitere Reihen Klebstoff auf und umwickeln Sie dabei den Topf spiralförmig dicht an dicht mit der Wolle. Das Fadenende kleben Sie am Topfboden fest.

2. Flechten Sie für die Arme jeweils drei etwa 30 cm lange Wollfäden zu einem Zopf, den Sie in der Mitte der gekürzten Hölzchen festknoten. Für die Beine werden zwei etwa 60 cm lange Wollzöpfe geflochten und rechts und links an das Hölzchen geknotet. Stellen Sie das Hölzchen im Topfrumpf quer. Fädeln Sie die Töpfchen für Arme und Beine auf die Zöpfe und sichern Sie sie jeweils mit einem Knoten.

3. Rühren Sie für den Kopf den Tapetenkleister nach Herstellerangabe an. Reißen Sie das Seidenpapier in kleine Stücke. Begradigen Sie das Styroporei an der späteren Klebefläche mit einem scharfen Messer, stecken Sie es auf einen Schaschlikspieß und bestreichen Sie es mit dem Kleister. Legen Sie leicht überlappend die Papierfetzen auf und bestreichen Sie sie mit dem Pinsel. Drücken Sie die Stecknadeln als Augen ein und malen Sie das Gesicht mit mit Pink und Rosa aus.

4. Nehmen Sie für die Haare mehrere Wollfäden zusammen und binden Sie sie mit einem weiteren Wollfaden im unteren Drittel straff ab. Bohren Sie mit einem Messer vorsichtig ein Loch in die Kopfmitte und stecken Sie die Haare hinein.

5. Fertigen Sie aus Tonkarton eine Schablone für die Ohren und schneiden Sie aus Filz zwei Ohren zu. Falten Sie sie an den gestrichelten Linien und fixieren Sie sie mit Stecknadeln auf dem Kopf. Kleben Sie den Kopf auf den Topfboden.

6. Schneiden Sie mit der Büttenschere aus Tonkarton und Tonpapier das Schild, kleben Sie beide Teile aufeinander und beschriften Sie sie mit Filzstift. Dann lochen, die Blume mit Heißkleber befestigen und das Band durchziehen.

Material

- *1 Tontopf, Ø 11 cm*
- *4 Tontöpfe, Ø 3,5 cm*
- *Dicke Wolle in Natur*
- *Schaschlikspieße*
- *1 Styroporei, ca. 8 cm lang*
- *Naturseidenpapier*
- *Bastelfilz in Hautfarbe*
- *Kunstblümchen*
- *Stecknadeln mit schwarzem Kopf*
- *Marabu-Decormatt Bastelfarbe in Purpurrosa, Pink*
- *Tonkarton in Pink*
- *Tonpapier in Gelb*
- *Schwarzer Filzstift*
- *Tapetenkleister, Klebepistole*
- *Pinsel, Schere, Lochzange*
- *Büttenkonturenschere*
- *Kraftkleber*

Vorlage 7

FROHE
OSTERN

Osterhase mit schwerer Last

1. Grundieren Sie die Holzeier für die Hände und den Halbtopf für die Kiepe orange, indem Sie die Farbe mit einem Schwamm auftupfen.

2. Kürzen Sie den Schaschlikspieß auf die Länge des Bodendurchmessers des Rosentopfes. Knoten Sie für die Arme ein 45 cm langes, für die Kiepe ein 30 cm langes Band am Hölzchen fest, drücken es durch die Bodenöffnung und stellen es im Topfrumpf quer. Die Bänder führen Sie nach außen. Fädeln Sie nun für die Arme je ein Töpfchen und zwei Holzperlen auf und sichern Sie alles mit einem Knoten. Ziehen Sie nun mit etwas Abstand noch je ein Holzei auf das Band, machen Sie einen weiteren Knoten und versenken diesen mit etwas Klebstoff im Ei. Die Kiepe knoten Sie ebenfalls am Band fest und drücken sie dann mit einem Klebekissen gegen die Rückseite des Rosentopfes.

3. Übertragen Sie die Vorlagen für Ohren, Haare und Gesicht auf Tonpapier und schneiden Sie die Motive aus. Malen Sie mit dem Filzschreiber das Gesicht auf den Tonpapierkreis und setzen Sie mit der Schaschlikspießspitze, die Sie in weiße Farbe getaucht haben, zwei Lichtpunkte in die Augen.

4. Kleben Sie die Ohrenteile zuerst aufeinander und dann auf den inneren Rand des Untersetzers, der später den Hinterkopf des Hasen bildet. Kleben Sie dann den zweiten Untersetzer so darauf, dass die Ohren zwischen den beiden Untersetzerhälften fixiert sind. Kleben Sie die Haare auf das Papier-Gesicht. Bestreichen Sie das Gesicht ringsum mit Klebstoff und fixieren es zusätzlich mit einem Klebekissen auf dem vorderen Untersetzer.

5. Zum Schluss kleben Sie den Hasenkopf auf den Topfboden-Hals und binden eine dekorative Schleife.

Material

- *1 Rosentontopf, Ø 10 cm*
- *2 Tontopfuntersetzer, Ø 7 cm*
- *1 Terrakotta-Halbtopf, 6,2 cm lang*
- *4 Holzperlen, Ø 12 mm*
- *2 Holzeier, ca. 30 mm lang*
- *Marabu-Decormatt Bastelfarbe in Orange, Weiß*
- *Tonpapier in Rehbraun und Beige*
- *Geschenkband, 2,5 cm breit*
- *Geschenkband in Orange, 5 mm breit*
- *Filzschreiber in Schwarz*
- *Feinporiger Schwamm*
- *Pinsel*
- *Schaschlikspieß*
- *Schere*
- *Klebekissen, Kraftkleber*

Vorlage 8

Kerzenhalter mit Pfiff

1. Übertragen Sie die Vorlagen für den Schnabel, die Flügel und die Füße auf Tonkarton und schneiden Sie die Motive sorgfältig aus. Falzen und knicken Sie die gestrichelten Linien – das geht am besten mit einer Sticknadel, die Sie an einem Lineal entlang führen.

2. Kleben Sie die Schnäbel auf die Topfränder, die Flügel seitlich auf die Töpfe und die Füße unter die Topfböden. Zum Schluss kleben Sie noch die Holzperlchen als Augen auf.

Tipp: *Je nach Tischdekoration können Sie die Farbe des Tonpapiers und der Kerzen variieren. Statt Gelb können Sie Pink nehmen, das wirkt besonders modisch-frech. Die elegante Variante: Orange und Blau.*

Material

- *Eiförmige Osterkerzen in Gelb und Orange*
- *3 Tontöpfe, Ø 4,7 cm*
- *Tonkarton in Gelb und Orange*
- *Kleine Holzperlen*
- *Spitze Sticknadel*
- *Lineal*
- *Pinzette*
- *Kleine, spitze Schere*
- *Kraftkleber*

Vorlage 9

Frühlingsfrische Eierbecher

1. Kochen Sie zwei Hühnereier in etwa zehn Minuten hart. Bemalen Sie dann zuerst die Töpfe flächig mit Rosa und Hellgrün und lassen Sie sie gut trocknen. In der Zwischenzeit bemalen Sie eines der gekochten Eier ebenfalls schön rosa.

2. Übertragen Sie dann die Vorlage für die Ohren auf Tonpapier und schneiden Sie sie aus. Eines der Eier wird zum Hasenkopf; malen Sie dafür sorgfältig und nacheinander die Schnauze mit Weiß, Augen, Nase und Mund mit Schwarz auf das Hasen-Gesicht.

3. Lassen Sie alles immer wieder gut durchtrocknen, damit die Farben nicht verschmieren. Setzen Sie anschließend mit der in Farbe getauchten Zahnstocherspitze weiße Lichtpunkte und schwarze Bartstoppeln auf die Augen bzw. auf die Kinnpartie.

4. Schneiden Sie aus Tonpapier sehr dünne Streifen als Barthaare und kleben Sie sie auf die Schnauze. Befestigen Sie zum Schluss die Hasenohren seitlich hinten am Ei.

5. Geben Sie für das Pünktchenmuster und die Blüten auf den Eierbechern die Farben auf einen Porzellanteller und verdünnen Sie sie mit etwas Wasser.

6. Nehmen Sie wenig Farbe mit der Pinselspitze auf und setzen Sie in gleichmäßigen Abständen Punkte auf die Töpfe. Malen Sie für die Blümchen zuerst die gelben Punkte; erst nach dem Trocknen tupfen Sie auch die weißen Punkte auf und lassen das Muster noch einmal gut trocknen.

7. Schneiden Sie zwei gleich lange Stücke von der Papierkordel ab und legen Sie sie so um die Töpfe, dass die Enden fest miteinander verbunden sind. Überstehendes wird einfach gekürzt.

8. Schneiden Sie dann aus Tonpapier zwei kleine Schildchen und stanzen Sie die Ecken mit der Lochzange aus. Dann in jedes Schild ein weiteres kleines Loch stanzen, mit den Filzstiften die Namen Ihrer Lieben darauf schreiben und die Schildchen hübsch schräg auf die Kordeln schieben.

Material

- *2 Tontöpfe, Ø 4,7 cm*
- *2 gekochte Eier*
- *Marabu-Decormatt Bastelfarbe in Rosa, Hellgrün, Gelb, Weiß, Schwarz*
- *Porzellanteller*
- *Papierkordel mit Draht in Gelb*
- *Tonpapier in Hellbraun und Weiß*
- *Pinsel Nr. 8 und Nr. 0*
- *Bunte Filzstifte*
- *Lochzange*
- *Schere*
- *Kraftkleber*

Vorlage 10

MAX
ZOE

Schaukel-Häschen Henriette

1. Bemalen Sie den Tontopf mit Pink, die Holzkugel mit Ocker und lassen Sie alles gut trocknen. Bohren Sie vier Löcher für die Schaukelaufhängung in die Holzleiste, bemalen Sie sie mit Hellgrün und lassen Sie das Schaukelbrettchen ebenfalls trocknen. Spitzen Sie die beiden Enden des Rundholzstabes leicht an und bemalen Sie den Stab gelb.

2. Für das Häschen befestigen Sie das Geschenkband für die Arme am Hölzchen, wie es im Grundkurs erklärt ist. Fädeln Sie die Perlen auf die Arme und sichern Sie sie mit einem Doppelknoten. Die Perlen für die Beine auf zwei gleich lange Bänder fädeln und ebenfalls mit einem Doppelknoten sichern. Kleben Sie die Bänder für die Beine an der Innenwand des Topfes fest. Dann den Holzkugel-Kopf aufkleben. Malen Sie mit Schwarz Augen, Nase und Mund sowie mit Pink die Bäckchen auf.

3. Übertragen Sie die Vorlage für die Ohren auf Tonkarton und schneiden Sie die Schablone aus. Fahren Sie die Kontur auf dem Moosgummi zweimal mit einem Bleistift nach. Schneiden Sie die Ohren aus und fixieren Sie sie mit etwas Klebstoff auf dem Kopf.

4. Für die Schaukel schneiden Sie von der Paketkordel zwei gleich lange Stücke von ca. 30 cm ab. Fädeln Sie die Kordelstücke links und rechts durch die Bohrlöcher der Leiste und sichern Sie sie mit einem Knoten. Drücken Sie die Kordeln zusammen und fädeln Sie sie so durch die kleinen Perlen, dass eine Schlaufe entsteht.

5. Führen Sie den Rundholzstab durch die Schlaufen und stecken Sie die Holzperlen auf die angespitzten Enden. Knoten Sie zum Aufhängen der Schaukel den Perlonfaden links und rechts am Rundholzstab fest.

6. Bestreichen Sie zum Schluss den Tontopfrand mit Klebstoff und setzen Sie das Häschen auf den Sitz der Schaukel.

Material

- *1 Tontopf, Ø 3,5 cm*
- *1 Holzkugel, Ø 25 mm, ohne Bohrung*
- *1 Holzleiste, 4 x 7,5 cm, 5 mm stark*
- *1 Rundholzstab, Ø 4 mm, 85 mm lang*
- *Marabu-Decormatt Bastelfarbe in Pink, Gelbocker, Hellgrün, Mittelgelb, Schwarz*
- *Nagelbohrer oder Bohrmaschine mit Holzbohraufsatz, Ø 3 mm*
- *Geschenkband in Gelb, 3 mm breit*
- *2 Holzperlen in Rot, Ø 12 mm*
- *6 Holzperlen in Rot, Ø 8 mm*
- *Tonkartonrest*
- *Moosgummi in Hellbraun, 3 mm stark*
- *Dünne Paketkordel, Perlonfaden*
- *Bleistiftanspitzer, Zahnstocher*
- *Kleine spitze Schere*
- *Kraftkleber, Klebstoff*

Vorlage 11

Impressum

Entwürfe und Realisation: Petra Boniberger
Lektorat: Sabine Kurz
Fotos: Hermann Mareth
Styling: Ulrike Harter
Umschlaggestaltung: Isabell Rinner
Layout und Produktion: buchkonzept@web.de
Druck und Verarbeitung: J. P. Himmer, Augsburg

ISBN 3-89858-337-6

Autorin und Verlag haben alle Angaben und Anleitungen mit größtmöglicher Sorgfalt zusammengestellt. Dennoch kann bei Fehlern keinerlei Haftung für direkte oder indirekte Folgen übernommen werden.

Herstellerverzeichnis:

Farben und Lacke:
Marabuwerke GmbH & Co.
Asperger Straße 4
71732 Tamm

Hobby- und Bastelbedarf:
Rayher Hobby, KnorrPrandell, Heyda-Werke, Uhu, alle über Hobby- und Bastelfachhandel

Farbauswahl **Marabu-Decormatt**